# UNE ÉLECTION DANS L'ARIÉGE

EN

# 1850

## REVUE RÉTROSPECTIVE

PAR

## V. Ch. DRONSART

Inspecteur de l'Instruction primaire en Algérie.

ALGER

TYPOGRAPHIE ET LITHOGRAPHIE BASTIDE

PLACE DE LA RÉPUBLIQUE

1851

# UNE ÉLECTION DANS L'ARIÉGE

## EN 1850

---

## REVUE RÉTROSPECTIVE

PAR

### V. Ch. DRONSART,

Inspecteur de l'Instruction Primaire en Algérie.

1851

# UN MOT DE PRÉFACE.

En nous mêlant, l'année dernière, à une lutte électorale, qui a pris un instant toutes les proportions d'un évènement politique, nous avons exercé un droit.

En venant, à un an de distance, mettre notre nom au bas de nos articles, nous accomplissons un devoir. Aujourd'hui, plus que jamais : à chacun la responsabilité de ses actes.

V. Ch. DRONSART.

Alger, le 5 janvier 1851.

# UNE ÉLECTION DANS L'ARIÉGE

## EN **1850**.

—————

## LE GÉNÉRAL PELET

—————

**Premier article.**

On nous accusait d'indécision. — Le moment est venu de
montrer que nous avons au moins autant de décision dans le
caractère que ceux qui nous blâmaient tout bas ou nous rail-
laient tout haut.

A la veille d'une élection importante, nous avions à cœur
de trouver un nom capable de réunir tous les intérêts, de concilier toutes les opinions, de répondre à toutes les exigences,
un nom digne, en un mot, du département de l'Ariége et du
parti auquel nous avons l'honneur d'appartenir, le parti de
l'Ordre.

Nous avons voulu réfléchir mûrement avant de nous déter-
miner. — Nous avons choisi notre heure et notre candidat
pour intervenir dans la lutte.

C'était notre droit et notre devoir.

On nous accusait d'impuissance. — Le moment est venu de
prouver à nos amis et à nos ennemis que cette accusation
d'impuissance est au contraire un témoignage de notre force.
A quoi nous aurait servi une agitation prématurée? Elle aurait
engagé imprudemment notre initiative et compromis le succès
de notre cause. Elle eût été stérile et dangereuse..... La vraie

force est dans les intentions honnêtes, dans les convictions sincères, dans l'intelligence et dans la volonté mises au service de la chose publique. Or, nous avons attendu patiemment, parce que nous sentions en nous cet élément de force, et nous étions intimement convaincu qu'il ne nous trahirait pas dans une circonstance décisive.

On nous accusait d'inaction. — Le moment est venu d'agir et nous agirons. Notre polémique sera sérieuse. — On ne discute pas légèrement les intérêts d'un pays. — Elle aura, nous l'espérons, de la fermeté sans colère, de l'énergie sans violence. — Nous écarterons surtout les personnalités, à moins qu'on ne nous oblige à descendre sur ce terrain brûlant.

Quel plaisir trouverions-nous à amoindrir ou à nier gratuitement la valeur individuelle de nos adversaires, de MM. Pilhes et Sylvestre, par exemple? Il nous suffira de montrer où ils veulent nous conduire! Candidats exaltés du parti ultrà-démocratique, représentants d'une opinion qui nous semble, à cause de son exagération même, condamnée à l'erreur et au mal, enfants perdus de la République, courant toujours en avant dans une route pleine de périls, et, entraînés à leur insu peut-être vers un abîme.... Nous essaierons de les arrêter. — Voilà tout.

Nous n'aurons pas non plus le triste courage d'attaquer, dans un intérêt exclusivement électoral, une des illustrations littéraires de l'Ariége, un homme qui a notre estime et nos sympathies. M. Latour de Saint-Ybars marche à cette heure en dehors de nos rangs, mais il est avec nous de tête et de cœur. Nous chercherons à le ramener. — Demain, peut-être, il sera notre allié! Pourquoi ne donnerait-il pas l'exemple de l'abnégation à un autre candidat de l'ordre? — Dans tout autre moment, M. Darnaud aurait, incontestablement, le droit de compter sur le concours du parti modéré. Mais M. Darnaud comprendra bientôt les exigences d'une situation tout à fait exceptionnelle ; il verra tous les dangers qui résulteraient d'une scission dans la majorité, il sentira que, dans les circonstances actuelles, nous avons besoin d'un candidat étranger à tous les partis et à toutes les nuances de parti. — Il aimera mieux, nous l'espérons, se retirer honorablement que de diviser les voix. — Nous n'attendons pas moins du patriotisme intelligent de M. de Latheulade. C'est encore un de ces hommes à qui on peut demander sans crainte un sacrifice d'amour-propre ou d'ambition, quelque légitime qu'elle soit.

Un instant on avait parlé du général La Hitte, mais il a accepté l'honneur de représenter le parti de l'ordre dans le département de la Seine, et nous avons dû nous rallier à un autre nom. — En conséquence, nous avons choisi, avec les sympathies du Gouvernement, en dehors de toute influence extérieure et de toute transaction, M. le lieutenant-général Pelet, une des gloires militaires et scientifiques du midi, noble cœur, esprit distingué, plein d'indépendance et de dévouement; nous avons choisi cette candidature librement, au-dessus de toutes les autres, et nous voulons la faire triompher avec le concours de toutes les fractions du parti de l'ordre.

Nous emploierons pour cela tous les moyens de persuasion que nous trouverons dans une étude consciencieuse des circonstances au milieu desquelles nous sommes placés, et, dans un examen sérieux des garanties que nous avons à exiger de ceux qui aspirent à nous représenter dans l'Assemblée législative.

Nous raconterons la vie politique et militaire du général Pelet, nous apprécierons ses états de service comme soldat et comme citoyen, et nous laisserons ensuite aux électeurs du département de l'Ariége l'honneur de le nommer.

Foix, le 3 janvier 1850.

## Deuxième article.

———◦◦◦———

Nous avons, dans notre premier article, au nom du parti
de l'Ordre, et avec les sympathies du gouvernement, annoncé
la candidature du lieutenant-général Pelet.

Nous avons dit, en même temps, que nous examinerions
avec soin les exigences de la situation, et les garanties que
nous avons besoin de trouver dans un candidat.

Entrons maintenant au cœur de la discussion.

Le département de l'Ariége est comme toute la France
divisé en trois, ou quatre partis, peut-être plus, qui, un
instant après la révolution de Février, ont acclamé ou accepté,
subi même la République, comme but ou comme moyen,
comme terme de leurs désirs ou comme acheminement à la
réalisation de leurs rêves, rêves de restauration monarchique,
telle ou telle, rêves de régénération radicale, sociale, humani-
taire, etc., etc.

Outre cela, le département de l'Ariége a le malheur d'être
plus que tous les autres partagé, divisé, surexcité par cet
antagonisme des intérêts politiques : — pourquoi? Parce que,
dans l'Ariége, la question de Principes est inexorablement
doublée d'une question de Personnes, qui l'abaisse, l'élève,
l'amoindrit, l'exagère à son gré, la met sur un autel ou la
traîne aux gémonies. La question de Personnes est tout ici....
guerre puérile, égoïste, indigne de ceux qui la font, guerre
d'individu à individu, de salon à salon, elle complique,
entrave, arrête, envenime, compromet, sacrifie tout. Avec

cette malheureuse politique d'amours-propres en présence et en hostilité continuelle, on ne tient plus à un parti, mais à un club, à une coterie, à un homme. — On se sépare, on se fractionne, on s'isole. — On a de petites amitiés et de petites haines. — On a en définitive une foule de petits drapeaux portés par de petits grands hommes qui, dans la circonstance la plus solennelle, diraient sans pitié, comme Louis XV : après moi le déluge !

Voilà le mal du pays. — Oui, sincèrement, loyalement, de l'aveu de tous, à la connaissance de tous, voilà le mal dans l'Ariége, plus que partout ailleurs. — Où est le remède? Dans une lutte énergique contre cette valeur exagérée, donnée aux *Personnes*, au détriment des *Principes*, dans une réhabilitation courageuse et incessante des intérêts les plus précieux, misérablement sacrifiés à une rancune, à une antipathie, à une rivalité, à un mot d'ordre venu de je ne sais où, et accepté par je ne sais qui! — Le remède! — Nous l'avons cherché dans le choix d'un candidat étranger aux vieilles inimitiés, aux vieux engagements des partis dans l'Ariége. Le remède! — Il est dans vos mains Electeurs intelligents, Républicains sincères, Républicains de cœur et non de bouche. — Au lieu d'appartenir aux autres et de marcher à leur suite, tête baissée, rentrez en possession de vous-même, de votre indépendance, de votre jugement, de votre initiative ; éclairez-vous à la lumière commune, et, brisant le cercle étroit des Minorités, où on vous enchaîne, venez vous rallier tous au parti de l'Ordre, qui deviendra alors, incontestablement, le parti de la majorité..... Quelle garantie devons-nous donc demander avant tout à l'homme qui ambitionnera l'honneur de nos suffrages? Une garantie d'indépendance. — La trouvons-nous dans le général Pelet? Oui. — Il ne relève que de lui-même, et il appartient à tous ; à la République, qu'il a acceptée loyalement, sans réserve et sans arrière-pensée ; au Gouvernement qu'il veut maintenir ; au département qu'il est prêt à servir, avec un entier dévouement.

D'un autre côté, l'Ariége a un certain nombre d'intérêts qui appartiennent exclusivement à son sol, à sa situation géographique, à la variété de ses ressources et de ses produits, à la nature de ses besoins, à la marche naturelle de ses relations commerciales, au développement de son industrie. A toutes les époques, on a exploité habilement ces moyens d'influence, mais on les a exploités dans une intention tout-à-fait personnelle.

On a parlé du *sel* aux agriculteurs, des *forêts* aux habitants des montagnes, des *fers* aux maîtres de forges ; à ceux-ci d'une route, à ceux-là d'un pont, à tous de la réduction des impôts qui pèsent lourdement sur une population pauvre. On a recueilli, avec tout cela, des votes, des ovations, une immense popularité. — Mais on avait promis la veille, et on a oublié le lendemain. — La popularité a disparu !

M. le lieutenant-général Pelet la réclame à son tour, et il la gardera, parce qu'il restera fidèle à toutes les promesses qu'il aura faites, à tous les engagements qu'il aura pris. — Homme d'honneur, il ne promettra rien qu'il ne veuille et qu'il ne puisse tenir. — Voilà la seconde garantie que nous trouvons en lui : la probité politique.

Il en est une troisième que nous allons mettre en lumière, en interrogeant le passé du général Pelet, c'est la garantie d'une vie pure, irréprochable, toute remplie par des actions d'éclat et par des services éminents rendus au pays.

Un pauvre enfant du peuple, né à Toulouse en 1779, partait en 1800, comme simple soldat, le sac sur le dos, et rentrait dans ses foyers en 1815, criblé de blessures et général dans la Garde Impériale !

Il avait gagné tous ses grades au prix de son sang. — Il avait, à lui seul, mis son nom à côté des plus illustres de la *Grande Armée*.

Il avait assisté à toutes nos batailles de géants, à Austerlitz, Ekmühl, Essling, Wagram, la Moskowa, Leipsick, Champaubert, Montmirail.

Il avait suivi dix ans nos aigles victorieuses de capitale en capitale.

Il avait, à la fin, brisé sa noble épée le lendemain de Waterloo.

Cet enfant du peuple, cet enfant du midi, c'est notre candidat, LE LIEUTENANT-GÉNÉRAL PELET !

PELET ( JEAN-JACQUES-GERMAIN ) conscrit en 1800, fut nommé sous-lieutenant dès son arrivée à l'armée d'Italie, incorporé, en cette qualité, dans le corps des ingénieurs-géographes et attaché aux travaux du génie militaire.

Après avoir suivi *Jourdan* dans ses reconnaissances du Tyrol, il devint, en 1805, aide-de-camp de *Masséna*, avec lequel il fit les campagnes de 1805 à 1811, et qui, un jour, enthousiasmé de cette valeur froide, de cette mâle intrépidité, qui ne reculait devant aucun obstacle, lui dit, en présence de toute l'armée : PELET, VOUS ÊTES UN BRAVE, VOUS ÊTES MON FILS D'ARMES. — Glorieux baptême, qui devait porter bonheur à celui qui l'avait reçu ! — Bientôt il eut encore l'occasion de se distinguer au passage de l'Adige, au siége de Gaëte, aux batailles de Caldiero et d'Ebersberg, notamment dans les reconnaissances de l'île Lobau. — Plus tard, il suivit Masséna en Espagne et en Portugal, et fut chargé, en 1811, de la mission délicate d'aller rendre compte à l'empereur des résultats désastreux de l'expédition de Portugal. Il eut le courage de lui faire connaître, dans deux audiences orageuses, le véritable état des choses. A la fin de la seconde, Napoléon le congédia en lui disant : ADIEU COLONEL ; et, en effet, peu de jours après, il reçut le brevet de ce grade et fut mis à la tête du 48e régiment. Il fit avec ce corps la guerre de Russie, eut l'honneur de conduire les Polonais à l'attaque de Smolensk, et mérita le titre de *Héros de Krasnoë*, à la terrible bataille de ce nom.

Pendant la retraite, entouré de tous côtés par les neiges, le Maréchal Ney allait faire prendre à son corps d'armée une direction dans laquelle il aurait trouvé sa perte. Pelet s'oppose à la détermination du maréchal : il avait heureusement à sa disposition la carte du pays où ils se trouvaient : il l'étend sur la neige. — Là, penché sur cette carte, et quoique blessé par trois biscayens, il démontre la vérité de son opinion, et finit par convaincre Ney. L'armée fut ainsi sauvée, elle passa le Borysthène sur les glaces, et alla, par cette route, rejoindre Napoléon à Orscha.

On dut au général Pelet, pendant cette retraite, la conservation des aigles de plusieurs régiments.

Dans la campagne suivante, on le retrouve à la tête d'une brigade de la jeune Garde, combattant vaillamment à Dresde et à Leipsick.

Dans les campagnes de France il parut avec éclat à Brienne, Troyes, Champaubert, Montmirail, Vauchamps, Montereau et Craone.

En 1815, le général Pelet assista aux combats de Charleroy et de Fleurus. — A Waterloo, chargé de la défense du village de Planchenoit, il y repoussa toutes les attaques des Prussiens, et n'abandonna ce poste qu'après avoir vu l'armée française former sa ligne de retraite très en arrière. — Là, il eut encore l'honneur de sauver les aigles des quatre régiments de chasseurs à pied de la vieille Garde !

Porté en 1818 sur le cadre des maréchaux de camp qui devaient faire partie du corps de l'Etat-major, le général Pelet fut en même temps nommé membre et secrétaire de la commission de défense.

Elevé en 1830 au grade de lieutenant-général, nommé bientôt après directeur du Dépôt de la Guerre et grand-officier de la Légion-d'Honneur, il siégea à la Chambre, de 1830 à 1837, comme député de Toulouse et vota constamment dans les rangs de l'opposition.

Arrêtons-nous ici, car nous ne voulons pas raconter aujourd'hui la vie politique du général Pelet. Elle est moins brillante, mais elle n'est pas moins complète et moins honorable. — Nous la réservons.....

Encore un mot cependant. — On nous a dit : le général Pelet est un honnête homme, un bon citoyen, un brave militaire, un des plus glorieux débris de la grande armée... mais c'est un étranger, — un nom inconnu dans le département : inconnu au peuple, il ne réussira pas ! — En vérité, n'est-ce pas vous faire injure, Électeurs de l'Ariége, que de vous prêter de pareilles idées ? N'est-ce pas mettre en doute votre intelligence, votre patriotisme et votre nationalité ?

Un enfant de Toulouse étranger à l'Ariége ! — Un enfant du peuple arrivé seul au plus haut degré de la hiérarchie militaire, étranger au peuple ! — Un brave général, qui a conduit les bataillons de l'Ariége, étranger au département de l'Ariége ! — Un héroïque soldat qui a versé son sang pour la France, étranger dans une des parties de la France ! — Est-ce possible ? nous ne voulons croire ni à tant d'ignorance ni à tant d'ingratitude : *vous nommerez* LE LIEUTENANT-GÉNÉRAL PELET, c'est un des vôtres !

Foix, le 10 janvier 1850.

## Troisième article.

—————

Nous avions demandé un sacrifice à M. Latour (de St-Ybars) et, nous avions eu la naïveté de croire qu'il écouterait une voix sincèrement amie. — Nous nous étions trompé. — A une tentative de conciliation, dans l'intérêt du parti de l'ordre, il a répondu par une déclaration de guerre indigne de lui.

Nous acceptons la guerre à contre-cœur, mais avec résolution.....

Dans un moment de calme, on aurait peut-être pardonné à une imagination crédule, à une vanité innocente, à une ambition candide, le plaisir de faire un peu de bruit autour de son nom. — On aurait eu peut-être une heure de loisir à donner aux passes d'armes d'un tournoi électoral. — Mais, dans un moment d'agitation, au milieu d'une lutte ardente, engagée entre le parti de l'ordre et le parti du désordre, à la veille d'une bataille décisive, où nous avons besoin d'union, de discipline, d'énergie, de dévouement, arrière les complaisances ! Il ne nous est pas permis de capituler avec un amour-propre égoïste.

Une tragédie, un roman, à propos de la question forestière et un pamphlet ! voilà bien, M. Latour de St-Ybars, tous vos titres comme écrivain, tous vos droits comme candidat ; voilà bien toute votre personnalité politique et littéraire.

A Dieu ne plaise, auteur de Virginie, que nous discutions la mesure ou la moralité de vos *alexandrins*..... mais, vous vous êtes terriblement exagéré votre gloire !

A Dieu ne plaise, représentant nouveau-né de la cause anti-forestière, que nous relevions une à une toutes les erreurs répandues dans votre brochure......, mais vous avez cruellement exagéré le mal !

Écartons Virginie, et examinons vos états de service comme avocat *désintéressé* des paysans et des communes, dans la question des forêts.

Avant d'intervenir dans le débat, avez-vous interrogé toutes les parties, avez-vous entendu tous les témoins, avez-vous recueilli avec soin toutes les pièces de cette vieille procédure pleine d'obscurités, d'incertitudes, de passions, de rivalités et de haines ? Non. — Vous vous êtes borné à écrire à la hâte une plaidoirie bien irritante, à la manière du *Siége de Malte*. — Vous êtes un téméraire !

Avant de jeter au milieu de nos montagnes un cri d'indignation plus ou moins sincère contre l'arbitraire, la violence et la tyrannie du gouvernement, avez-vous pensé au retentissement que ce cri de révolte pouvait avoir d'écho en écho ? Non. — Vous êtes un imprudent !

Avant de lancer, au milieu des masses, un écrit incendiaire, avez-vous réfléchi qu'il allait peut-être mettre le feu à nos forêts ? Non. — Vous êtes un ambitieux.

Candidat poète, vous avez improvisé une réclame poético-électorale. — Imprudent, vous n'avez pensé qu'au succès de votre candidature. — Ambitieux, vous avez tout sacrifié au rêve de votre ambition.

Vous êtes cependant un honnête homme, un homme intelligent, éclairé, incapable de transiger sciemment avec une mauvaise action..... Ah ! Monsieur, je vous pardonne. — *Quos vult perdere Jupiter dementat !*

Et encore, quel moment avez-vous choisi pour exagérer le mal ? Celui où il va disparaître ou diminuer, dans une large mesure, grâce à la sollicitude intelligente, à la bienveillante sympathie de l'État.

Quel moment avez-vous choisi pour éveiller les colères du

peuple, en lui retraçant avec amertume le tableau de ses douleurs? Celui où le Gouvernement, préoccupé de cette grave question, venait de créer une commission mixte, composée de trois agents forestiers et de deux membres du conseil général, chargée de procéder à une enquête contradictoire, et de mettre en lumière tous les éléments d'une solution *immédiate*.

Avez-vous eu au moins, dans votre élan de tendresse, le mérite de l'initiative? Non. — Votre brochure est du mois d'octobre, et, la décision de M. le ministre des finances relative à la création d'une commission mixte dans le département de l'Ariége, est du 10 mai. — Votre brochure est du mois d'octobre, et le travail de M. le préfet, relatif à un projet d'amnistie générale en matière de condamnations forestières, est du 4 septembre; témoin ce passage d'un rapport, en date du 18 octobre, où il disait à M. le ministre des finances :

« Presque toutes les espérances des populations dans l'Ariége se rattachent à la question forestière qu'on exploite avec tant de perfidie contre le Gouvernement.

« Cette question doit être étudiée à tous les points de vue des nécessités locales et résolue de manière à donner satisfaction aux plaintes légitimes, aux besoins impérieux des classes pauvres. Il faut que le Gouvernement se pénètre bien de ces besoins et prouve au peuple que nous l'aimons plus sincèrement qu'on ne veut le lui laisser croire.......

« Une large amnistie me semble nécessaire dans l'intérêt de la justice et de l'humanité. »

Votre brochure est du mois d'octobre, et, le 20 décembre, M. le préfet adressait à tous les maires la circulaire suivante :

« Monsieur le maire,

« Je suis heureux d'avoir à vous annoncer que M. le ministre des finances a décidé, sur ma proposition et le rapport favorable de M. le conservateur des forêts, qu'il serait fait remise totale ou partielle des condamnations prononcées en matière forestière à tous ceux qui, dans le département de l'Ariége, seront jugés dignes de la bienveillance du Gouvernement et qu'il serait sursis jusqu'à sa décision à l'exécution des condamnations de cette espèce.

« Dans ce but, il sera dressé, par les soins de M. le directeur des domaines, des états par commune de tous les condamnés. Ces états vous seront communiqués très-prochainement pour donner des renseignements sur *la position de fortune* et *la moralité des individus* qui y seront portés, etc., etc. »

Libre à vous, M. Latour de St-Ybars, de dire que vous avez été pour quelque chose dans la réalisation de ces deux grandes mesures, la création d'une commission mixte et l'amnistie.

Mais libre à nous de ne pas vous croire, et, de vous donner même, à la rigueur, une assurance toute contraire.

Libre à vous d'incriminer la circulaire de M. le préfet, parce qu'elle a eu le malheur de parler du *neveu de l'Empereur*, mais libre à nous d'en rire, Républicain farouche !

Un mot ne nous intimide guère et nous avons, à ce qu'il paraît, une foi plus vive que la vôtre dans les destinées de la République, car nous ne tremblons pas, comme vous, au plus petit bruit qui la menace.

Maintenant, M. Latour de St-Ybars, examinons, pièces en mains, tous les actes du Gouvernement, depuis le jour où il est intervenu dans cette grave question.

Paris, le 23 mai 1849.

« Monsieur le préfet,

« Les articles 1er et 90 du code forestier ont prescrit la soumission au régime forestier des bois, taillis ou futaies appartenant aux communes ou aux établissements publics qui sont susceptibles d'aménagement ou d'une exploitation régulière.

« On s'est plaint dans plusieurs départements que la reconnaissance des terrains boisés appartenant aux communes et aux établissements publics, n'avait pas toujours été faite avec les soins et le discernement désirables, et que, par suite, l'autorité supérieure avait été dans le cas d'ordonner la soumission au régime forestier de certains terrains dont le peuplement n'offrait pas les ressources nécessaires pour être aménagé ou devenir l'objet d'une exploitation régulière.

« Dans cet état de choses, j'ai arrêté, par une décision du 10 de ce mois, les dispositions suivantes :

» Il sera créé, dans chacun des départements que désignera l'administration des forêts, une commission mixte composée de trois agents forestiers et de deux membres du conseil général.

« Cette commission, dans laquelle l'agent local et le maire, ou son délégué, seront entendus, *recherchera avec le plus grand soin les terrains et les bois placés sous le régime forestier*, qui ne sont réellement pas susceptibles d'aménagement ou d'une exploitation régulière, et dont *la jouissance peut être, par conséquent, rendue sans inconvénient aux communes et aux établissements propriétaires.*

« ................... Lorsqu'il y aura lieu de croire que des bois ou des terrains devraient être distraits du régime forestier, le ministre, avant de statuer,

invitera le préfet à consulter les conseils municipaux ou les administrateurs des établissements publics.

« . . . . . . . . . . . . . . . . . . . . . . Il importe à un haut degré que cette commission soit composée d'hommes éclairés et tout-à-fait indépendants qui sachent, tout en prenant les demandes fondées en sérieuse considération, résister avec fermeté à des sollicitations égoïstes ou irréfléchies qui tendraient, en vue d'avantages de courte durée, à distraire du régime forestier des bois ou terrains qui devraient y être maintenus *dans l'intérêt public.* »

*Le ministre des finances,*

H. PASSY.

### Que trouvons-nous dans cette circulaire ?

1° La création d'un tribunal arbitral chargé de concilier les intérêts des communes avec les intérêts de l'état ;

2° La résolution bien arrêtée de rendre aux autorités municipales une large part d'action dans le maniement de leurs biens ;

3° Le désir sincère de faire droit à toutes les plaintes légitimes.

En exécution de cette décision ministérielle, M. le préfet de l'Ariége mettait le 31 août et le 22 septembre 1849, toutes les communes en demeure de se prononcer sur la question de savoir s'il y avait lieu de maintenir en totalité ou en partie leurs bois communaux sous le régime forestier ou de les en distraire. — Il les invitait, à cet effet, à faire parvenir le plus tôt possible à la Préfecture les réclamations et observations qu'elles auraient à faire, en les prévenant que si elles ne se prononçaient pas, leur silence serait considéré comme une adhésion tacite au maintien de leurs bois sous le régime forestier.

En même temps, le 20 septembre, la commission mixte était réunie à Foix et commençait ses travaux.

Le 5 octobre suivant, elle déléguait aux trois agents forestiers qui se trouvaient dans son sein, le soin de rechercher et de vérifier avec la plus grande exactitude, les forêts et parties de forêts communales non susceptibles d'aménagement et d'exploitation régulière, de compulser les matrices cadastrales,

de réviser les contenances des sommiers de consistance, de
recueillir en un mot tous les renseignements propres à éclairer la religion du comité.

Bientôt après, elle procédait au classement et à l'examen
des délibérations transmises par les communes ; elle entendait
tous les Maires ou leurs délégués ; elle entrait dans la discussion de toutes les questions soumises à son arbitrage.

Il ne nous appartient pas de livrer à la publicité les travaux
auxquels elle s'est livrée, mais nous avons le droit de dire, à
l'honneur des agents forestiers, qu'ils ont, dans cette circonstance délicate, manifesté les intentions les plus bienveillantes,
à l'égard des classes laborieuses.

Ainsi, non contents d'avoir évalué loyalement la contenance totale des terrains à distraire du régime forestier, pour
être abandonnés aux communes, ils ont encore proposé, dans
l'intérêt de la dépaissance, de remplacer l'aménagement des
forêts peuplées en essence de hêtre, par un furetage réglé à
période de 10 ans. — En effet, un des graves inconvénients
pour les populations de la montagne du système d'exploitation à blanc-étoc, était de retarder jusqu'à 10 ou 12 années
l'accès des jeunes coupes aux bestiaux. — Le nouveau mode
d'exploitation, en jardinant, accepté par les agents forestiers
et pratiqué avec intelligence, aura le double avantage d'abré-
ger ce délai, et de garantir la conservation des forêts peuplées
de cette essence en donnant aux produits plus de consistance
et de valeur. — Nous ne pouvons pas aller plus loin et nous
ne voulons pas toucher à la question de l'abandon total des
forêts aux communes. — Mais voilà ce que nous avions à dire,
à notre tour, au nom de la vérité, sur l'initiative que le Gouvernement a prise spontanément en matière de réforme forestière, sur le caractère libéral des mesures qu'il a ordonnées,
la direction énergique qu'il a imprimée aux travaux de la
commission mixte, et l'intérêt sérieux qu'il attachera aux résultats de l'enquête.

Voici ce que nous devons ajouter au nom de notre candidat,

le général Pelet : — il appellera toute l'attention de l'assemblée législative sur la nécessité :

1° De réviser les principales dispositions du code forestier appliqué aux forêts situées en montagnes, principalement dans un de ses articles : La foi due aux procès-verbaux ;

2° De graduer équitablement l'échelle des pénalités ;

3° D'affranchir le plus possible les communes d'une tutelle quelquefois un peu lourde ;

4° D'exonérer les délinquants des amendes énormes et des frais de poursuites considérables, qui souvent les réduisent à la misère et au désespoir ;

5° D'exercer la surveillance la plus active sur le choix, la conduite et la moralité des gardes forestiers. — Electeurs des montagnes venez à nous avec confiance....

Electeurs des montagnes, nommez sans crainte le général Pelet ; il plaidera votre cause avec l'autorité de sa parole, de son caractère, de sa haute intelligence — et il la gagnera. —

Peut-être avant de terminer cet article, conviendrait-il de revenir à vous, M. Latour de Saint-Ybars, et de dire un mot de votre *Pamphlet*. — Mais en vérité nous aimons mieux l'oublier. — Nous laissons à votre conscience le soin d'en faire justice.

Foix, le 17 janvier 1850.

## Quatrième article.

———

Plus nous réfléchissons à la situation politique du département de l'Ariége, plus nous avons à cœur de réussir dans l'accomplissement de notre tâche, à savoir : le triomphe de la cause de l'ordre.

Vainement on cherche à abaisser le débat. — Nous mettrons toute notre énergie à le maintenir à la hauteur d'une question de principes. — Vainement on cherche à l'obscurcir. — Nous mettrons toute notre intelligence à l'éclairer. — Vainement intérêts, passions, vanités s'unissent contre nous. — En butte à la haine des uns et à la rancune des autres, nous resterons courageusement sur la brèche, et le pays décidera !

On nous accuse de vouloir imposer un choix à l'Ariége. — On dénonce la candidature du général Pelet comme une insulte au libre arbitre et à la conscience des Electeurs. — On répète avec complaisance tous les noms des candidats étrangers qui ont pu surgir à la veille des élections, et on les montre tour à tour patronnés et abandonnés par nous. — On insinue que la candidature du général Pelet n'est pas notre dernier mot. — On a même été jusqu'à imaginer une arrière candidature, celle du général Montholon. — Mais en vérité ce dernier trait est d'une audace ou d'une naïveté désespérante. — Il éclaire tous les autres et donne la mesure de la loyauté avec laquelle on nous attaque.

En parlant du général Montholon comme d'un candidat en réserve, que nous aurions l'intention d'offrir à l'Ariége dans

2

le cas où elle ne voudrait pas accepter le général Pelet, on a prétendu nous mystifier tous, ou bien, on a été, sans le savoir, victime d'une plaisanterie cruelle, car le général Montholon est, à cette heure, *Représentant de la Charente-Inférieure, à l'Assemblée Législative.* — A bon entendeur, salut ! — Aurions-nous tort maintenant de réclamer de nos adversaires un peu *moins de convenances* et un peu *plus de sincérité.* — Voilà cependant les moyens que l'on emploie pour éveiller la défiance, irriter l'amour-propre, semer la division et recueillir quelques voix..... Peu importe le prix ! — Mais passons. — On nous reproche d'être entré dans la question électorale? — Pourquoi? — Est-ce que nous n'étions pas libre de choisir celui des candidats de l'ordre qui nous donnait le plus de garanties, qui nous inspirait le plus de confiance? — Est-ce que nous n'étions pas libre d'avoir notre opinion, et de la discuter et de la proclamer comme tout le monde? — Est-ce qu'il ne nous est pas permis de nous mettre en relations d'idées et de sentiments avec le pays? — Une élection devait-elle nous réduire au silence? — A quel titre nous demanderait-on de nous annihiler dans un acte important de la vie publique, de disparaître et de nous évanouir dans une circonstance décisive?

On ne peut aujourd'hui conduire les hommes que par la vérité, on ne peut les soumettre que par la persuasion ; nous le savons tout aussi bien que ceux qui veulent nous l'apprendre. — Quant au Gouvernement, il le sait mieux encore ; aussi n'est-il pas intervenu le moins du monde dans la lutte. — Mais on a quelquefois intérêt à mettre le Gouvernement en cause et à faire un peu d'opposition, un peu d'indépendance, à bon marché....

Comme si, nous étions encore en monarchie comme si, nous n'étions pas en République ; comme si, l'avénement de la République n'avait pas changé la lettre et l'esprit du mot Gouvernement ; comme si, le Gouvernement était autre chose aujourd'hui que la réunion des deux pouvoirs sortis de la nation : l'Assemblée législative créée par le suffrage universel,

et le Président de la République, élu le 10 décembre, par six
millions de voix ; comme si la nation était en droit de haïr, de
mépriser ou de craindre le lendemain ceux qu'elle a choisis la
veille, pour les placer à sa tête..... Il est temps d'en finir avec
ces attaques intéressées des partis, avec cette opposition sys-
tématique, qui consiste à repousser tout ce que le pouvoir
propose, et à soutenir tout ce qu'il repousse, à le blâmer quand
il marche, à le blâmer encore quand il s'arrête..... Il est temps
surtout d'en finir avec cette mobilité capricieuse, avec cet
amour de la nouveauté, avec cette impatience de changer le
pouvoir établi, qui, exploité par les ambitieux, rouvre sans
cesse la porte aux révolutions ! Pauvre France, tu es la plus
grande nation du monde, mais tu es aussi la plus inconstante,
hélas, et Mirabeau avait bien raison de te comparer à ces enfants qui sèment, et qui, dès le lendemain, grattent la terre
pour voir si le grain pousse ! Etrange aberration d'idées. —
Nous avons fait, dix fois en cinquante ans, l'épreuve doulou-
reuse de toutes les misères que les révolutions entraînent avec
elles, en déchaînant les mauvaises passions, en nous armant
les uns contre les autres, en arrêtant le travail, le commerce,
l'industrie, en épouvantant les riches, en ruinant les pauvres ;
et malgré tout, il se rencontre encore des révolutionnaires,
c'est-à-dire des misérables qui aspirent au désordre comme
à une ère de réparation, et des malheureux qui marchent aveu-
glément à leur suite ; les uns par ambition, les autres par
ignorance ; ceux-ci par intérêt, ceux-là par démence ; car on
peut toujours classer les révolutionnaires en deux catégories :
les *Meneurs* et les *Dupes*. — Aux dupes le danger, aux meneurs le profit. — Courtisans du peuple, vous lasserez-vous
enfin de le tromper, de le séduire, de l'égarer, de paralyser
tout le bien qu'on veut sincèrement lui faire, de battre monnaie
d'ambition avec sa crédulité, ou de vous faire une liste civile
avec sa misère ? Et toi, peuple intelligent et bon, mais aigri
par la souffrance et aveuglé par le désir et par la perspective
menteuse d'un bien-être imaginaire, te lasseras-tu bientôt de

courir, de révolution en révolution, à l'anarchie, à l'abaissement et à la ruine de notre chère patrie ?

Vous tous qui aimez la France, vous tous qui avez reçu d'elle avec la naissance, l'honneur de porter son nom, et le droit de vivre à l'abri de ses institutions, de placer votre existence, votre famille et votre liberté sous la sauvegarde de ses lois, arrêtez-vous et arrêtez-la dans la voie fatale où elle est entrée depuis un demi-siècle !

Attachez-vous à la République — elle est notre salut — mais à une République modérée, car une démocratie violente, inquiète, aventureuse, nous conduirait inévitablement au despotisme ou à l'anarchie. Attachez-vous à la cause de l'Ordre, de l'Ordre pour arriver au développement de nos libertés, à la réalisation de nos espérances ; de l'Ordre, pour rendre la France plus grande, plus forte, plus riche et plus heureuse !

Candidats rivaux du général Pelet, candidats honorables, mais dangereux aujourd'hui, parce que vous divisez notre parti, sacrifiez votre amour-propre et votre ambition à l'intérêt du pays. — Retirez-vous devant un homme qui a votre estime comme la nôtre, et qui vous représentera dignement.

— Réservez-vous pour un avenir politique qui ne peut vous échapper, si vous savez le mériter. — Et nous, Républicains modérés, hommes honnêtes de tous les partis, rallions-nous, unissons-nous et donnons à un seul représentant de la cause de l'Ordre, au général Pelet, une majorité telle, qu'elle écrase le parti du désordre et réhabilite en un jour le département de l'Ariége !

Foix, le 24 janvier 1850.

## Cinquième article.

————

La cause de la *République modérée* a été vaincue dans
l'Ariége, aux élections générales. — Elle a été vaincue par la
*République démocratique et sociale*. — Pourquoi? A-t-elle eu
contre elle, dans cette lutte, la justice, la moralité, le bon
sens, la raison, les vœux, le cœur du pays? Ou bien, est-elle
tombée victime d'un concours de circonstances regrettables,
d'un malentendu, d'une erreur ; et, a-t-elle été vengée, le
lendemain même de sa chute, par la conscience publique, qui
l'avait trahie un instant, et par les regrets amers de tous ceux
qui avaient contribué à sa perte? Il nous importe de discuter
sérieusement ces deux questions, les plus graves qui puissent
être débattues, parce qu'elles touchent aux intérêts les plus
précieux, à l'honneur et à l'avenir politique du département.
Mais nous voulons, avant tout, reproduire la liste générale des
députés élus à l'Assemblée législative, au mois de mai 1849.
Il sortira peut-être de cette étude rétrospective un enseigne-
ment sérieux ; nous tâcherons au moins de le mettre en lumière.......

*Députés élus à l'Assemblée législative.*

| | | | |
|---|---|---|---|
| C. Anglade...... | 34,907 | V. Pilhes........ | 18,691 |
| F. Arnaud....... | 22,161 | A. Rouaix....... | 17.348 |
| Pons–Tende...... | 19,488 | Vignes.......... | 16,190 |

Que trouvons-nous d'abord dans cette liste? Deux noms
que nous avons le droit de ne pas regarder exclusivement

comme l'expression de la République démocratique et sociale.
— Nous voulons parler de MM. Anglade et Arnaud. — Ils
appartenaient peut-être un peu plus au parti ultrà-radical,
qu'au parti modéré. — Mais ils ont, en réalité, recueilli des
voix des deux côtés, et, à ce titre, nous réclamons une part
dans leur succès. Viennent ensuite quatre candidats, unis
dans une même pensée, attachés au même drapeau, arrivant
tous à l'Assemblée législative, au nom de la République démocratique et sociale, et donnant ainsi : 1° à la nomination
de MM. Anglade et Arnaud une couleur ; 2° aux élections
de l'Ariége, un caractère que nous avons besoin d'expliquer.

L'Ariége, en nommant MM. Anglade, Arnaud, Pons,
Rouaix, Pilhes et Vignes, était-elle réellement, sincèrement,
universellement *démocrate socialiste ?* Tout est là. — Eh bien
non. — Car 72,000 électeurs ont voté, dans cette circonstance, et 34,000 seulement ont porté M. Anglade en tête de
la liste rouge. 22,000 ont donné la seconde place à M. Arnaud.

Il existe ensuite une différence marquée dans la somme des
voix recueillies par les autres candidats. — Nous tombons à
16.000 avec M. Vignes. Or, la majorité de M. Anglade s'ex-
plique par une situation toute exceptionnelle. Il était le représentant des montagnes et l'homme du sel. — M. Arnaud a
dû ses 22,000 à une influence encore individuelle. — La minorité relative des quatre autres candidats, traduit seule exac-
tement la valeur numérique du parti socialiste dans l'Ariége.
Ils ont passé, grâce au nom de M. Anglade, ils ont été entraînés au courant de sa popularité. Nous trouvons surtout l'explication de leur victoire dans la division du parti modéré. —
En effet, M. Vignes lui-même a été soutenu par quelques-uns
de nos amis politiques à Tarascon et à Pamiers. Maintenant
écartons les 34,000 suffrages donnés à M. Anglade ; 18,000
voix au plus représentaient la *République démocratique et
sociale*, et 50,000 voix au moins restaient à la *République
modérée*. — Comment ces 50,000 voix ont-elles été perdues ?
Nous allons le dire. — Au lieu de choisir à l'avance six noms,

dans le parti modéré, six noms seulement, à l'exclusion de
tous les autres, dans un intérêt unique, souverain, dans l'intérêt de l'Ordre, et de les porter tous ensemble au scrutin,
dans une même liste, à l'unanimité, et, de donner ainsi un
témoignage éclatant d'union et de force.........; elles ont
mieux aimé obéir à mille influences, céder à mille entraîne-
ments, aller au gré de leurs caprices, se partager entre vingt
ou trente candidats, et étaler le triste spectacle de leur impuissance! Au lieu de faire une élection carrément politique,
elles ont fait une élection moitié politique et moitié sentimen-
tale! 50,000 voix réduites ainsi au néant et obligées de subir
la loi d'une minorité de 16,000. Quelle leçon! Nous ne savons
pas encore si elle profitera aux électeurs, mais hâtons-nous
de dire, qu'elle a déjà servi à presque tous les candidats. A la
veille d'une nouvelle épreuve, ils n'ont pas voulu recommen-
cer la cruelle expérience du passé. Ils ont très bien compris
la vraie cause de la défaite infligée en même temps à leur
ambition et au parti de l'Ordre. Ils l'ont vue avec raison dans
leur nombre, dans leurs rivalités, dans leurs luttes intestines,
et ils se sont volontairement tenus à l'écart.

Honneur au patriotisme intelligent de MM. Darnaud, Garrié,
Saint-André, Subra, Puyvert, Auzies, Laurens, Ourgaud,
Cassé, etc., etc., etc. ! Pourquoi ne pouvons-nous pas rendre
le même témoignage à deux autres représentants de la même
cause? Pourquoi n'ont-ils pas donné ou suivi le même exemple d'abnégation? Pourquoi continuent-ils à combattre en
volontaires au lieu de marcher avec le parti de l'Ordre? Les
dernières élections du Gard ne leur ont-elles rien dit, rien
inspiré, rien appris? Amants platoniques d'une candidature
idéale, attendront-ils que la voix brutale du scrutin vienne les
arracher aux douces illusions d'un rêve? Nous ne voulons pas
le croire. — Ils seraient doublement coupables, vis-à-vis
d'eux-mêmes et vis-à-vis du pays. Un homme politique sérieux doit savoir attendre..... Attendre que l'opinion vienne
à lui. — Cela vaut mieux que de courir inutilement à elle!

Un mot avant de finir..... Électeurs de l'Ariége, on cherche à vous mettre en garde contre nous qui ne sommes que les organes et les auxiliaires du parti modéré. Il ne nous convient pas de descendre à une apologie. Mais avant de vous laisser aller à la défiance, avant de prêter l'oreille à toutes les petites calomnies armées contre nous dans l'ombre, examinez sérieusement la valeur de nos idées. — Si elles sont bonnes, acceptez-les. — Si elles sont mauvaises, vous aurez le droit de les écarter.

Quant à notre personnalité, elle est bien peu de chose à côté du principe que nous avons l'honneur de représenter. — Par exemple, on a tort de nous reprocher notre qualité d'*Étranger*. — Les *vrais Étrangers* dans un pays sont les plantes parasites et les mauvaises herbes.

Foix, le 31 janvier 1850.

## Sixième article.

————

Comment répondre à tous les mensonges imaginés par la malveillance et accueillis par la crédulité? Comment détruire toutes les erreurs propagées par la mauvaise foi et acceptées par l'ignorance? Tantôt c'est l'impôt du sel qui va être rétabli, et non seulement rétabli, mais encore doublé, de manière à rendre au trésor toutes les sommes qu'il a perdues. — Un intrigant donne la nouvelle. — Un innocent ou un complice la répète. — Elle commence par ramper. — Bientôt elle lève la tête, marche, court, vole à travers les villes et surtout à travers les campagnes. — Les propriétaires s'émeuvent, les agriculteurs s'inquiètent, les pauvres paysans s'alarment. — L'agitation est partout. — Excitée par la crainte, exploitée par les mauvaises passions, pourra-t-elle tomber devant un démenti énergique, devant une déclaration sincère? Dieu le veuille. — Quoi qu'il en soit, nous aurons accompli notre devoir vis-à-vis des populations de l'Ariége, en leur disant : NON, L'IMPOT DU SEL NE SERA PAS RÉTABLI. — Il était de 30 c. par kilog. : il a été réduit à 10 c. et il restera à 10 c., dans l'intérêt de l'agriculture, dans l'intérêt de l'élève et de l'entretien des bestiaux, dans l'intérêt surtout des classes ouvrière, agricole, industrielle, des classes laborieuses, des classes pauvres qui ont besoin d'avoir le sel à bon marché, et, qui l'auront toujours maintenant au plus bas prix possible. — Car bien loin de vouloir rétablir l'impôt du sel, l'Assemblée législative et le Président de la République n'y toucheront

désormais que pour le réduire encore ou l'abolir entièrement.
— Tantôt c'est l'amnistie forestière qui est incriminée, déna-
turée, mise à la torture. — On trouve mauvais que le gouvernement veuille connaître les droits, la position de fortune et
la moralité de chaque condamné. — On réduit la liste des
amnistiés à la liste des insolvables. On met l'administration
au défi de produire les divers sommiers des bureaux de l'en-
registrement, etc. — Comme si le Gouvernement était obligé
d'accorder une amnistie entière, absolue, sans règle, sans
contrôle, sans réserve, à l'exemple des candidats qui promettent tout parce qu'ils n'ont rien à donner. — Comme si la
circulaire de M. le Préfet, du mois de janvier, n'avait pas
prouvé d'une manière incontestable : 1° que les condamnations forestières, établies par l'administration des domaines
dans la catégorie des *articles en surséance*, n'étaient pas com ·
prises dans les nouveaux états, parce qu'aucune poursuite
n'étant exercée à l'occasion de ces condamnations, il devenait
inutile de s'en occuper en ce moment; 2° qu'une proposition
spéciale serait soumise au gouvernement, en faveur des condamnés de cette dernière catégorie. Comme si le directeur des
domaines, le conservateur des forêts, et le préfet de l'Ariége,
n'avaient pas demandé tous les trois au ministre, que la remise fût entière pour tous les amnistiés, c'est-à-dire que cette
remise embrassât à la fois l'amende, les restitutions, les dom-
mages et les frais ! Comme si l'administration n'était pas en
mesure de prouver, pièces en main, sommiers tout ouverts.
que les états nominatifs actuels ne comprennent que les condamnations portées sur les sommiers de recouvrements, et
non celles qui ont été reportées aux sommiers de surséances
indéfinies ! —

Tantôt on annonce l'abolition du régime protecteur à l'en-
droit des fers de l'Ariége, et l'introduction libre des fers étrangers. — On est, dit-on, très-bien informé. — La mesure va
être prise. — Elle sera désastreuse. — Le gouvernement le
sait, et il le fait exprès, parce qu'il veut réduire le peuple à la

misère. Mensonge encore. — Est-ce que le gouvernement ne sait pas que les fers de l'Ariége servent surtout aux instruments aratoires et qu'il serait, à cet égard, impossible d'en trouver de meilleurs? Est-ce qu'il ne sait pas, en outre, qu'il vaut mieux payer le fer un peu plus cher chez nous que de porter notre argent à l'étranger? Est-ce qu'il ne sait pas enfin qu'une foule d'intérêts précieux à la classe ouvrière se rattachent étroitement dans l'Ariége à l'industrie des fers? Aussi sommes-nous en droit de déclarer de la manière la plus positive que le système protecteur sera maintenu, et, plutôt amélioré dans l'intérêt de l'industrie, nationale que sacrifié à la concurrence étrangère. —

Tantôt enfin on accuse un antagonisme sérieux entre l'Ariége et la Haute-Garonne, en matière de la répartition des impôts, et on cherche à insinuer que le général Pelet aura bien de la peine à choisir entre Toulouse, qui l'a vu naître, et Foix, qui l'aura élu..... Touchante sollicitude d'un candidat rival !

Cet antagonisme n'a jamais existé que dans l'imagination de ceux qui avaient intérêt à en faire une arme de guerre électorale. — La question n'a jamais été soulevée. — En droit, elle ne pouvait pas l'être; car un département, la Haute-Garonne, par exemple, viendrait-il à prouver qu'il a été imposé au-delà de ses forces, et réclamerait-il un dégrèvement ; c'est la France tout entière et non l'Ariége qui contribuerait à ce dégrèvement. — Il en serait de même d'une commune sur-imposée, ce serait le département tout entier, et non telle ou telle autre commune qui contribuerait à une décharge. — En fait, la question n'a pas été débattue davantage. — Pourquoi? parce qu'il n'y avait pas matière à réclamer un dégrèvement dans la Haute-Garonne, au détriment de l'Ariége. — En effet, voici une statistique exacte en réponse à une allégation très inexacte.

Le département de la Haute-Garonne a une contenance totale de 629,600 hectares, et elle paie 2,280,000 fr. de contribution foncière en principal, soit 3 fr. 60 c. par hectare.

L'Ariége a 490,000 hectares en superficie, et elle paie 600,500 fr., soit 1 fr. 20 c. par hectare.

Mais le département de l'Ariége a une contenance de 150,000 hectares en landes, glaciers, rochers et autres terrains incultes ; plus 50,000 hectares de forêts nationales : total 200,000 hectares, qui ne supportent aucun impôt. Restent donc 290,000 hectares de propriétés susceptibles d'un produit quelconque, qui paient en réalité toute la contribution foncière, soit 2 fr. par hectare.

Maintenant, si on considère que les maisons de la ville seule de Toulouse donnent en produit plus des 2/3 du revenu foncier de tout le département de l'Ariége, et qu'il n'y a aucune assimilation à faire entre les riches plaines du Lauraguais, dont le rendement moyen est de 12 pour 1, et les terrains de l'Ariége, on se convaincra facilement que tout l'avantage est encore du côté de la Haute-Garonne.

A l'égard de la contribution personnelle mobilière, il serait encore plus facile de répondre victorieusement, puisque la moyenne par tête d'habitants est dans la Haute-Garonne de 1 fr., et dans l'Ariége, qui n'a aucun centre de population, aucune industrie, rien enfin à faire valoir en sa faveur, de 60 c.

Arrêtons-nous ici, car il n'est pas de tâche plus ingrate que celle de discuter avec des hommes de mauvaise foi. On ne peut ni les convaincre ni les réduire au silence. En avons-nous fini du moins avec toutes ces misères ? Aujourd'hui, oui, — peut-être ; — mais demain, on imaginera, on exploitera autre chose ; eh bien, demain nous recommencerons la lutte.

Foix, le 7 février 1850.

## Septième article.

———

Où allons-nous, mon Dieu, avec ce déluge de journaux démocrates socialistes. — Nous ne savons plus auquel entendre ! Heureuse Ariége, elle a maintenant, comme le *Charivari*, trois hommes d'état, trois tribuns, trois apôtres qui ont juré de l'éclairer, de la convertir et de la gouverner au nom de la République démocratique et sociale. — Mais pourquoi toutes ces colères, toutes ces violences, tous ces cris de haine ? Est-ce qu'ils commenceraient à comprendre que le parti de l'Ordre est plus puissant qu'ils ne voulaient bien le croire ou l'avouer, et, que la cause du désordre est perdue, partout, sans ressources, dans les villes, dans les campagnes, dans les ateliers, dans les chaumières, dans l'esprit des ouvriers qui ont plus besoin de travail que de révolutions, dans l'esprit des paysans qui ont plus besoin de penser à leurs terres qu'à toute autre chose. — Encore un peu de statistique, avec Charles Dupin, pour réduire au néant les promesses menteuses qu'ils font au peuple, et nous en aurons fini avec eux.

Démocrates socialistes, que voulez-vous ? L'égalité devant la loi ? Nous l'avons conquise au prix de plusieurs siècles de lutte, et, nous n'avons plus qu'à en jouir. — Que voulez-vous encore ? L'égalité des fortunes ? Elle est impossible, et vous ne la réaliserez jamais. — Etablie aujourd'hui, elle serait détruite demain. — Maintenue même violemment, elle ne serait, en définitive, que l'égalité devant la misère. En effet, la France, le pays le plus riche de l'Europe, la France, en réunissant le produit réel de tous les travaux et de tous les capitaux, présente un revenu annuel de dix milliards. — Ces dix milliards, partagés également entre 34 millions de Français, donneraient pour chacun 80 centimes par jour. — Par conséquent, si l'on parvenait à réaliser le rêve de vos lois agraires, si l'on procédait au partage égal des produits de toute nature, la part de chacun, grand ou petit, fort ou faible, travailleur ou paresseux, économe ou prodigue, s'élèverait seulement à 80 cent. Réduisez maintenant à la part inexorable de 80 centimes, le revenu journalier de chaque habitant, et le voilà dans l'impossibilité de porter d'autre vêtement que la toile la plus rude, le calicot le plus commun, le lainage le plus grossier. — Adieu les tissus de soie, les satins, les velours, les damas, les dentelles, les blondes, les gazes, les mousselines, les batistes, les cachemires, les meubles, les bronzes, les dorures, les bijoux, etc.; adieu tout le luxe, adieu le commerce, l'industrie, la circulation de la richesse. — Voilà Paris, Lyon, Saint-Étienne, Nîmes, Avignon, Rouen, Marseille, voilà toute la France réduite à la misère.

Alors, au lieu de compter sur dix milliards par année, on descendrait bientôt à huit milliards, à six milliards et peut-être plus bas encore; ce qui donnerait par personne, non plus 80 centimes par jour, mais 60, mais 50, et peut-être moins encore. — Ainsi, l'abaissement, l'appauvrissement de la France dans son ensemble, la réduction du salaire et du bien-être de chacun, la dégradation du peuple tout entier, seraient la conséquence inévitable et prochaine de votre folie mise en pratique, c'est-à-dire du partage égal des biens, des revenus et des salaires.

Démocrates socialistes, voici une autre question que vous adresse Block, Block un des ennemis les plus implacables du socialisme, Block que vous ne connaissez peut-être pas, mais qui vous connaît très-bien, et qui, dans sa cruelle simplicité, vous dit : Socialisme, que demandes-tu ? tu ne veux sans doute ni voler les riches, ni encore moins les tuer, pour hériter de leurs biens? Tu voudrais seulement les voir dépouiller fra-

ternellement, dans les formes, par un décret ainsi conçu :
« Attendu que nous n'avons rien, nous vous défendons d'avoir
quelque chose. Attendu qu'il est plus commode de ne rien
faire que de travailler, nous allons, nous qui n'avons jamais
rien fait, partager avec vous le produit de votre travail et de
vos économies. » Paysan, pour t'exciter au partage des biens,
on te montre le château qui domine ton petit champ ou ta
petite métairie.... Mais prends garde.... il y a derrière toi bon
nombre de partageux mendiants et voleurs qui convoitent ton
champ et ta métairie. — Ton tour viendra immédiatement
après celui du riche que tu auras contribué à dépouiller.

Paysan, arrière les partageux !!! au nom d'une égalité menteuse, ils veulent établir le privilége immoral du vice, de la
paresse et de l'incapacité.

Pourquoi ce cri : *A bas les riches !* — tout nous manque-
rait à tous, si l'activité du travail cessait un instant d'être
aiguillonnée par le légitime espoir de faire fortune. — Attaquer
la richesse, c'est attaquer quoi? l'économie. — En effet, comment se forme la richesse? dirait Block aux ouvriers et aux
paysans : tu gagnes trois francs par jour, tu n'en dépenses
que deux et tu en mets un de côté ; au bout d'un certain temps
tu as amassé ainsi une bonne petite somme que tu peux faire
valoir honnêtement. Si tu es intelligent et sage, ta fortune se
fera plus ou moins vite, suivant ton industrie et ta chance,
mais sûrement et honnêtement. — Garde-toi donc bien de te
joindre à ceux qui veulent le désordre ; défie-toi de ceux qui
attaquent la propriété, ils veulent pêcher en eau trouble ; de
ceux qui excitent le pauvre contre les riches, c'est l'envie qui
parle par leur bouche ; de ceux qui proposent l'égalité des salaires, il n'y a que les paresseux qui puissent y trouver un
avantage ; de ceux qui te flattent, ils veulent te dominer ; de
ceux enfin qui promettent le bonheur universel, ils produiraient
la misère universelle. Voilà comme Block parle au peuple et
aux démocrates socialistes.

Les démocrates socialistes *par état* ne l'écoutent pas, ils ont mieux à faire. — Mais le peuple? Le peuple l'entendra, et, en haine de tous ces agitateurs impuissants, de tous ces révolutionnaires incorrigibles, il choisira le Général Pelet comme représentant de la cause de l'ordre, dans le département de l'Ariége, et il lui donnera une majorité écrasante.

Foix, le 14 février 1850.

## Huitième article.

————◦◆◦————

Puisque tout le monde a la prétention d'être démocrate socialiste, voire même la *Presse*, nous aurions mauvaise grâce à ne pas faire, à notre tour, notre petite profession de foi socialiste. — Eh bien, il existe un socialisme que nous comprenons, que nous aimons, que nous respectons, c'est celui d'un certain nombre d'hommes honnêtes, intelligents, sincères, convaincus, qui ont étudié avec soin toutes les questions sociales ; — qui ont cherché avec ardeur le moyen d'alléger les impôts, d'encourager l'agriculture, de protéger le commerce, de venir en aide à l'industrie, d'organiser le travail, de répartir équitablement les salaires, de mettre fin à la vieille lutte des maîtres et des ouvriers, de répandre le bien-être dans toutes les classes, de réhabiliter le prolétariat, d'éteindre le paupérisme ; — et qui ont cru trouver, dans une théorie métaphysique plus ou moins savante, plus ou moins claire, plus ou moins applicable, un remède à toutes les misères, un terme à toutes les douleurs. — A travers les voiles qui la couvrent, on démêle dans leur doctrine, une demi-vérité empruntée à l'Evangile, c'est-à-dire le principe de la fraternité, traduit en langue économique par le principe de l'association ; et, en dégageant cette demi-vérité de toutes les erreurs qui l'enveloppent, on reste en présence d'une idée sérieuse, élevée, morale, philosophique et religieuse. — Voilà un socialisme irréalisable dans les conditions actuelles de la société, mais qui a pour lui l'avenir, à la condition de vivre un peu

3

moins dans la région des nuages et un peu plus dans le monde de la réalité : à la condition surtout d'entrer doucement dans nos mœurs, et de passer ensuite peu à peu dans nos institutions. — Voilà un socialisme avec lequel on n'a rien à craindre et tout à espérer. — Il en est, malheureusement, un autre, aveugle, inintelligent, brutal, violent, alliage impur des plus tristes passions et des plus misérables intérêts, qui insulte la religion, outrage la morale, détruit la famille, attaque la propriété, et rêve la LIBERTÉ avec une dictature en espérance, l'ÉGALITÉ avec une misère universelle, et la FRATERNITÉ avec l'échafaud en perspective. — Voilà le socialisme des ambitieux et des intrigants. — Voilà le socialisme qui a exploité la victoire du 24 février, usurpé toutes les places, amoindri, abaissé, avili tous les pouvoirs, intimidé le commerce, arrêté le travail, mis au pillage les finances de l'état, créé les ateliers nationaux, organisé une armée de l'émeute, décrété une révolution en permanence, et ensanglanté Paris, le 13 juin. — Voilà un socialisme qui, dans l'intérêt de sa détestable cause, ouvrirait demain, sans pitié, la porte à la guerre civile et à l'invasion étrangère, mais nous aurons tous brûlé notre dernière cartouche avant de lui livrer l'avenir de notre malheureuse patrie. — Allez, RÉPUBLICAINS SYBARITES, nous vous avons vus à l'œuvre, et nous savons comment vous aimez le Peuple ! Allez, MARTYRS A BON MARCHÉ, nous connaissons la mesure de votre dévouement ! Allez, ROBESPIERRES A L'EAU DE ROSE, vous voulez nous faire peur, et, vous nous faites pitié ! Allez, MONTAGNARDS DÉGÉNÉRÉS, vous traînez le nom que vos pères portaient ! Patience ! bientôt la France entière vous connaîtra comme nous, et alors, humiliée de votre domination insolente, elle vous renverra au néant dont vous n'auriez jamais dû sortir.

Le général Pelet est décidément le seul candidat du PARTI MODÉRÉ, et nous dénonçons au pays toute autre candidature comme l'auxiliaire maladroite ou coupable du parti démocrate-socialiste.

Quant à nous, électeurs du parti modéré, au nom de l'ordre menacé, de la liberté mise en péril par les violences mêmes du parti ultrà-radical, qui nous conduirait inévitablement à l'anarchie ou au despotime, rallions-nous tous à un honnête homme, à une intelligence d'élite, à un cœur un peu vigoureusement trempé, qui ne laissera tomber ni dans la boue, ni dans le sang, le drapeau de la République, qui est aujourd'hui le drapeau de la France ; nous aurons ainsi, en même temps, averti et fortifié le pouvoir. — Rallions-nous tous au général Pelet. — NI ABSTENTION, NI DÉSERTION, NI DIVISION : Voilà notre devise.

Foix, le 21 février 1850.

## Neuvième article.

————◦◦◦————

### A NOS AMIS.

————◦◦◦————

La lutte est engagée, dans l'Ariége, entre la République de l'ordre et la République du désordre, entre le général Pelet, candidat du parti modéré et les candidats du parti démocrate socialiste ; — à la veille du scrutin, nous venons dire à tous nos amis, c'est-à-dire, à tous les vrais amis de l'ordre et de la liberté, à quelque degré de l'échelle sociale qu'ils soient placés, modeste ou élevé ; quelqu'influence qu'ils exercent, petite ou grande : ouvriers, agriculteurs, propriétaires, ministres de la religion, instituteurs ; le moment est arrivé de nous unir et de nous compter, de parler et d'agir dans l'intérêt de notre cause. — Plus d'inaction, d'indifférence, de restrictions mentales, plus de rivalités, plus d'indiscipline ; — union, activité, abnégation, dévouement ; — vous avez été vaincus et vous avez besoin de prendre une revanche éclatante ; — vous n'avez pour cela qu'à le VOULOIR ! VOULOIR est tout en ce monde. — A quoi servent, en effet, les meilleures intentions, sans la volonté qui les réalise, sans l'énergie qui les maintient ? — Avec les meilleures intentions sans la volonté, les gouvernements tombent et les partis se suicident ; — DE L'ACTION, DE L'ACTION et ENCORE DE L'ACTION ; — à l'activité du mal opposons l'activité du bien ; — à la ligue de tous les intrigants, de tous les ambitieux, de tous les mécontents, de tous les incapables,

de tous les paresseux, qui voudraient une place sans l'avoir
méritée, une fortune sans l'avoir acquise, qui voudraient s'é-
lever sans travail et posséder sans peine, qui voudraient jouir
sans produire, opposons la ligue de tous les hommes honnêtes,
intelligents, laborieux. — Amis de l'ordre, à la veille d'une
grande bataille électorale, ne vous abstenez pas, ne vous divisez pas, ne sacrifiez pas l'intérêt d'une grande cause et d'un
grand principe à un intérêt particulier, à un accès de paresse
ou de mauvaise humeur, à une antipathie ou à une rancune, à
une petite amitié ou à une relation de bon voisinage ; — arrière
toutes ces considérations, en présence de celle qui doit tout
dominer, tout embrasser, tout absorber, LA NÉCESSITÉ DE
VAINCRE !

Ne dites pas, en restant chez vous, le jour de l'élection :
qu'importe une voix de plus ou de moins, — car votre voix
décidera peut-être de la majorité ; — ne dites pas non plus :
en haine de tel ou tel, je nommerai celui-ci au lieu de nommer
celui-là, comme tous les amis de l'ordre, — car vous auriez
misérablement placé votre égoïsme au-dessus de l'intérêt
commun.

Ne dites pas non plus : M. un tel se présente, — il n'a pas
de chances, c'est vrai ; mais c'est un brave homme : cela lui
fera plaisir ; — car vous auriez volontairement perdu votre
voix et annihilé votre part légitime d'influence. Or maintenant,
il n'est permis à qui que ce soit de trahir, même involontaire-
ment, le parti de la majorité.

Ne dites pas non plus : je donnerai mon vote au candidat
de l'ordre, mais je ne puis pas faire plus, j'ai à ménager celui-
ci et celui-là. — On ne sait pas ce qui peut arriver. — Je ne
veux pas me compromettre, — car c'est là un triste calcul, une
mauvaise pensée, un sentiment coupable, une transaction avec
l'intérêt ou la peur.

Electeurs amis de l'ordre ! Il ne s'agit plus de regarder tran-
quillement comment la République de l'ordre et la République
du désordre travaillent, la première au maintien de vos droits,

de vos libertés, de vos propriétés ; et la seconde à la ruine de la société tout entière. — Il importe que vous preniez tous une part énergique à la lutte. — Combattez l'erreur, le mensonge, la ruse, l'hypocrisie. — Résistez couragement à la violence.— Eclairez, instruisez, entraînez ceux qui viennent vous demander la lumière, la vérité, la voie où ils doivent marcher ! Encouragez les timides, réveillez les indifférents. — Multipliez-vous pour donner à tous l'intelligence de leur devoir, dans cette circonstance décisive, et le courage de l'accomplir. On aura beau mettre le socialisme en commandite, et appeler à lui le ban et l'arrière-ban de ceux qui n'ont rien à perdre. — Il ne triomphera pas, si vous voulez rester fidèles à notre devise : *Union, loyauté, énergie.*

Foix, le 28 février 1850.

## Dixième article.

———◦◦◦———

————◦◦◦————

ÉLECTEURS DE L'ARIÈGE,

Voilà deux mois que nous luttons, dans l'intérêt d'une grande cause, LA CAUSE DE L'ORDRE, contre les déclamations violentes des uns et contre les prétentions égoïstes des autres, contre les calomnies, les mensonges, les mauvaises passions de nos ennemis, contre les préjugés, les divisions, la tiédeur de nos amis.

Voilà deux mois que nous débattons sérieusement toutes les questions, que nous discutons loyalement tous les intérêts qui se rattachent à l'élection du 10 mars.

Voilà deux mois que nous travaillons à mettre en lumière toutes les exigences de la situation.

Notre tâche est achevée. — La vôtre commence.

Aurons-nous inutilement parlé à votre intelligence, à votre raison, à votre équité, à votre conscience, à votre patriotisme ? Toute la question est là. — Il vous appartient de la décider, et, quel que soit l'arrêt que vous porterez, nous nous inclinons à l'avance devant votre souveraineté.

Le 10 décembre, vous avez établi l'ordre, en votant pour Louis-Napoléon Bonaparte, président de la République. — Le

10 mars, vous maintiendrez l'ordre, en ne votant que pour le général Pelet, candidat du parti modéré dans le département de l'Ariége.

Le 10 décembre, vous vous êtes rattachés solennellement à la cause de la République modérée.

Le 10 mars, vous lui donnerez un nouveau témoignage de dévouement, un nouvel élément de force, un nouveau prestige, une nouvelle garantie d'avenir, en votant pour le général Pelet.

Electeurs! Toutes les gloires militaires appartiennent de droit au département qui a eu l'honneur de donner à la première république les bataillons de l'Ariége. — Ralliez-vous tous à un des plus héroïques débris de LA VIEILLE GARDE et de LA GRANDE ARMEE. — Votez pour le général PELET.

---

### DÉSISTEMENT DE M. LATOUR (DE SAINT-YBARS).

M. Latour (de Saint-Ybars) renonce décidément à sa candidature. — En présence de ce sacrifice fait à la cause de l'ordre, par un homme que nous avons été dans la cruelle nécessité de combattre, parce qu'il menaçait de diviser les forces de notre parti, nous éprouvons le besoin de le remercier publiquement, et de lui dire qu'il vient d'acquérir des droits incontestables à la reconnaissance du pays.

Voici le passage le plus important de la lettre qu'il nous a fait l'honneur de nous adresser :

« L'empire des circonstances et le mouvement des opinions ont fait se diviser les électeurs en deux fractions extrêmes : LE SOCIALISME et le PARTI DE L'ORDRE. La question posée dans ces termes et sans autre explication, je déclare appartenir au parti de l'ordre. — C'est devant la crainte de le diviser que je m'arrête; c'est pour assurer son triomphe que je me désiste. Les élections ne doivent pas être un jeu puéril d'ambitions en émoi, un tournoi ridicule de vanités personnelles; en perdant l'espoir de réussir, j'ai perdu le droit de persister. »

LATOUR (DE ST-YBARS).

---

Nous ne sommes pas encore autorisés à annoncer le désistement de M. Emile Lathculade ; mais comme il a pris en quelque sorte l'engagement de se retirer avec M. Latour (de Saint-Ybars), nous recevrons demain, sans aucun doute, la nouvelle officielle que nous nous bornons à donner aujourd'hui comme une espérance très-bien fondée, comme la promesse d'un honnête homme.

Votons comme un seul homme pour le général PELET.

Foix, le 5 mars 1860.

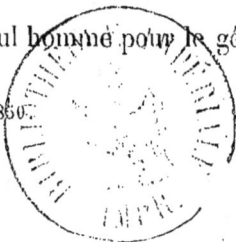

## Onzième article.

---

## ÉLECTION DU GÉNÉRAL PELET.

---

Voici le dernier mot de la lutte électorale, engagée dans l'Ariége, entre la cause de l'ordre et la cause du désordre.

Le général Pelet, candidat de l'ordre........  34,923
Aristide Pilhes, candidat socialiste.. ·.......  15,599
Théophile Silvestre, candidat socialiste.......  1,408
Emile Latheulade, candidat de l'ordre........  393

Ainsi 34,923 voix ont répondu à notre appel et proclamé le triomphe de la République modérée sur la République démocratique et sociale. — 34,923 voix viennent de dire aux ambitieux, aux intrigants, aux agitateurs : Votre règne est fini.

34,923 voix viennent de dire au gouvernement : l'Ariége entre dans une voie politique nouvelle, la voie de la conciliation !

Qu'il nous soit permis à notre tour de nous adresser à ces 34,923 voix du parti modéré et de leur dire toute notre pensée :

Vous venez de gagner une grande bataille, il importe de ne plus en perdre désormais par tiédeur, par imprévoyance, par défaut d'ensemble. — Unis avant le combat, il importe de ne pas vous diviser après la victoire.

Le danger vous a arrachés, Dieu merci, à vos préoccupations, à votre isolement, à votre inaction ; ne vous laissez ni enivrer ni endormir par le succès.

Sentinelle vigilante, nous vous avons appelés au moment du péril. — Vous êtes venus et vous avez vaincu. Ami sincère, nous vous disons aujourd'hui : ce n'est pas tout de vaincre, il faut encore savoir profiter de la victoire.

Restez unis loyalement sur le terrain de l'ordre et de la liberté.

Restez courageusement l'arme au bras, en face de l'anarchie qui vous menace toujours.

Restez fidèles à vos engagements et réalisez vos promesses. Occupez-vous du peuple, protégez ses droits, défendez ses intérêts, venez en aide à sa misère. — Montrez-lui que vous l'aimez plus sincèrement que les démocrates de profession.

Cherchez tous, dans la mesure de vos forces, à lui donner un peu plus de bien-être, de sécurité, de bonheur. Eclairez-le surtout et ne le laissez jamais abandonné aux mauvais conseils et aux mauvaises passions qui cherchent à l'égarer.

Il vous tiendra compte, soyez-en convaincus, de tout ce que vous aurez dit et fait pour lui.

Foix, le 14 mars 1850.

www.ingramcontent.com/pod-product-compliance
Lightning Source LLC
Chambersburg PA
CBHW060740280326
41934CB00010B/2299